Primera edición: abril 2005
Cuarta edición: junio 2010

Dirección editorial: María Castillo
Coordinación editorial: Teresa Tellechea
Traducción del catalán de Marinella Terzi
Texto: Roser Rius Camps
Ilustraciones: Carme Peris

Trèvol Produccions Editorials ha contado con el asesoramiento
de Luciano Montero, psicólogo.

© Trèvol Produccions Editorials, 2005
© Ediciones SM, 2008 – Impresores, 2
   Urbanización Prado del Espino
   28660 Boadilla del Monte (Madrid)
   www.grupo-sm.com

ATENCIÓN AL CLIENTE
Tel.: 902 12 13 23
Fax: 902 24 12 22
e-mail: clientes@grupo-sm.com

ISBN: 978-84-348-2834-6
Depósito legal: M-25306-2010
Impreso en España / *Printed in Spain*
Imprenta: Capital Gráfico, S.L.

María
no se olvidará

ROSER RIUS

Ilustraciones de **CARME PERIS**

UNA VEZ AL MES, MARÍA Y SUS PRIMOS
VAN A PASAR EL FIN DE SEMANA
A CASA DE LA ABUELA.
PARA DORMIR PONEN COLCHONES
EN EL SUELO DEL COMEDOR Y, PARA CENAR,
LA ABUELA SIEMPRE HACE MACARRONES.

DESPUÉS DE COMER LA PASTA, A MARÍA
LE ENCANTA SENTARSE CON SUS PRIMOS
EN EL SOFÁ Y MIRAR ÁLBUMES DE LOS
ABUELOS.
LES GUSTAN MUCHO LAS FOTOGRAFÍAS
EN LAS QUE SALEN ELLOS CON EL ABUELO.

—¿DÓNDE ESTÁ EL ABUELO? –PREGUNTA JORGE.

—SE HA IDO MUY LEJOS –RESPONDE MARÍA.

—¿Y NO VOLVERÁ NUNCA MÁS? –DICE FRAN.

—NO, PERO MIENTRAS NO LO OLVIDEMOS
ÉL ESTARÁ SIEMPRE CON NOSOTROS.

–LES EXPLICA LA ABUELA.

María

—YO RECUERDO QUE EL ABUELO
ME LLEVABA SOBRE SUS PIES
Y CANTÁBAMOS CANCIONES –DICE MARÍA.
—¿TE ACUERDAS DE CUANDO ENSEÑÓ A ANDAR A JORGE
Y LE PONÍA UNA ZANAHORIA EN CADA MANO
PARA QUE PERDIERA EL MIEDO? –PREGUNTA LA ABUELA.

Jorge

—YO RECUERDO UN DÍA QUE FUIMOS
A COMPRAR EL PAN, SE PUSO A LLOVER
Y NOS MOJAMOS –DICE FRAN.
—YO RECUERDO QUE ME CANTABA
"ARRE, BORRIQUITO, VAMOS A BELÉN"
–AÑADE ESTHER.

Fran

Y COMO DE UN RACIMO DE CEREZAS,
QUE TIRAS DE UNA Y SALEN DIEZ,
VAN SALIENDO LOS RECUERDOS.

Esther

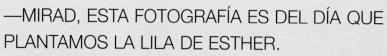

—MIRAD, ESTA FOTOGRAFÍA ES DEL DÍA QUE
PLANTAMOS LA LILA DE ESTHER.
—¡MI ÁRBOL! –DICE LA NIÑA.
—EL ABUELO PLANTÓ UN ÁRBOL PARA CADA UNO
–LES EXPLICA LA ABUELA.

Ciruelo

Lila

—Y LOS ESCOGIÓ PARA QUE FLORECIERAN
UNO TRAS OTRO:
PRIMERO, EL CIRUELO DE FRAN Y
EL ÁRBOL DEL AMOR DE JORGE;
AHORA HA FLORECIDO LA LILA,
Y MÁS ADELANTE FLORECERÁ
LA MAGNOLIA DE MARÍA.

Magnolia

El àrbol del amor

—AHORA QUE EL ABUELO NO ESTÁ
¿QUIÉN PLANTARÁ UN ÁRBOL PARA JOSÉ?
–PREGUNTA FRAN.
—LO PODRÍAMOS PLANTAR ENTRE TODOS
–PROPONE LA ABUELA–.
IREMOS AL VIVERO A ELEGIR UNO.

—QUEREMOS UN ÁRBOL QUE DÉ FLORES
–PIDE MARÍA AL JARDINERO.
—¿QUÉ OS PARECE ESTA ACACIA?
AHORA NO TIENE, PERO EN VERANO
SE LLENARÁ DE FLORECILLAS ANARANJADAS.
—¡SÍ, EL NARANJA ERA EL COLOR PREFERIDO
DEL ABUELO!

AL DÍA SIGUIENTE, VAN A PLANTAR EL ÁRBOL AL JARDÍN.

—ESTE ES EL MÍO…

—ALLÍ ESTÁ EL MÍO…

—¡Y EL MÍO! –DICEN LOS NIÑOS CORRIENDO DE UN ÁRBOL A OTRO.

JOSÉ, SENTADO, RÍE Y DA PALMAS CON LAS MANOS.

—VA A SER EL JARDÍN MÁS BONITO DEL MUNDO
–DICE MARÍA–.
LO LLAMAREMOS EL JARDÍN DEL ABUELO
PORQUE LOS ÁRBOLES NOS AYUDARÁN
A RECORDARLO.

HAZ UN MURAL

1 Necesitas una hoja grande,
témperas o pintura de dedos,
papel de seda, papel charol
de colores, pegamento y tijeras.

2 Dibuja un árbol y coloréalo,
y pega trozos de papel
para hacer la tierra.

3 Haz las flores de diferentes árboles:
bolitas de papel amarillo para la mimosa,
florecitas de papel blanco para el almendro...

4 Pega las flores en la copa.
Después escribe
el nombre del árbol
que has hecho.

HABLEMOS DE... **EL SENTIMIENTO DE PÉRDIDA**

Ante la muerte de una persona querida, los niños pueden reaccionar de formas diferentes, ya que cada uno expresa el sentimiento de pérdida a su manera.

Puede ser que exijan con insistencia que el familiar o el amigo cercano regrese, o que actúen como si todavía estuviera vivo. A veces se enfadan con la persona desaparecida porque sienten que los ha abandonado. Otra reacción bastante habitual es que experimenten un sentimiento de culpa ante la muerte de alguien querido, o bien que culpabilicen a una persona del entorno más cercano.

También es normal que sientan miedo: miedo de que se mueran los padres, la gente con quien conviven habitualmente, o ellos mismos. La familia debe intentar tranquilizarlos, infundirles seguridad y evitar que se agobien.

Pero es necesario tener en cuenta que los niños deben expresar sus emociones. Por tanto, no hay que actuar como si no hubiera pasado nada y exigirles a ellos lo mismo.

Si, aparentemente, el niño se muestra indiferente ante la muerte, no hay que llevarse a engaño: quizá tardará un poco, pero al final manifestará algún tipo de reacción.

Para ayudarle a asimilar la pérdida de una persona querida hay que explicarle claramente lo que ha pasado. No se puede camuflar la realidad; hay que contestar a todas las preguntas que haga y, en la medida de lo posible, dejarle participar en el duelo familiar, porque no es bueno que se sienta excluido.

Es importante que no se le oculte la pena que los demás también sienten por la pérdida del ser querido pero expresándola sin exageraciones ni dramatismo. Para quitar dolor a la situación, puede ir bien hablar de la persona querida, hacer que el niño recuerde la relación que le unía a ella como una vivencia enriquecedora, intentar que no la olvide. Por ejemplo, se pueden mirar fotografías, recordar anécdotas vividas, siempre de una manera alegre y positiva.